642

# ESPAGNE ET CUBA

## Situation
### Politique, Financière, Industrielle et Commerciale

## ABOLITION DE L'ESCLAVAGE

### CONVERSION
DE LA DETTE PUBLIQUE ESPAGNOLE

### PROJET D'EXPROPRIATION DU TERRITOIRE DE L'ESPAGNE

PAR

## LOUIS BLAIRET

## EN VENTE

AUX BUREAUX DE LA CONVENTION AMÉRICAINE

5, Cité Bergère

ET CHEZ TOUS LES LIBRAIRES

—

PARIS

# ESPAGNE ET CUBA

---

## PREMIÈRE PARTIE

### SÉPARATION DE CUBA DE L'ESPAGNE

### I

Le gouvernement de septembre se distingue surtout par une férocité, c'est le mot, sans exemple parmi les peuples civilisés. Non-seulement il la montre dans la guerre soutenue contre l'héroïque Cuba, guerre provoquée par tant d'années de pillage et de déceptions, mais encore l'affaire des députés, dont le thème remonte à l'année 1837, les assassinats et les déportations sans la moindre forme de procès, les confiscations sous le prétexte de soupçons d'opinion (sans compter qu'elles lui rapportent un joli bénéfice clandestin), tous ces faits sont pour lui l'occasion de sanglantes et terribles représailles.

On conçoit que les individus qui sont au pouvoir en Espagne, soient incapables de former un gouvernement stable et régulier. Aussi, la conséquence de leurs actes est facile à voir au simple examen du baromètre de la Bourse espagnole, et par la cote des fonds publics, si pauvres aujourd'hui, malgré les efforts des grands créanciers.

Le gouvernement qui avait déclaré à Valence que le désarmement de la milice n'aurait pas lieu, et qui, vingt-quatre heures après, l'ordonnait en se préparant à détruire la ville, comme il a fait ou voulu faire à Barcelone et à Saragosse, ne mérite plus la foi de ses créanciers, qui voient leurs débiteurs prodiguer des capitaux dans des révolutions habilement provoquées et dans des guerres affreuses pour le pays, mais quelque peu utiles pour servir les ténébreux desseins des septembristes.

Le gouvernement qui, en septembre, promet de rendre aux colonies les libertés dont devrait jouir la métropole, et au lieu de cela, approuve tous les actes du général Lersundi, déclarant qu'aucune modification n'aurait lieu à Cuba, et envoie ensuite le général Dulce, tant de fois déclaré traître dans sa parole et ses serments envers le peuple et la Reine ; ce gouvernement, disons-nous, a perdu complètement sa force morale, et doit se retirer au plus tôt de l'arène politique.

Incapable de rien créer, il n'a su que laisser la nation sans Constitution véritable, sans parlement, sans lois, sans crédit, et qu'offrir le trône au plus offrant et dernier enchérisseur.

Le DÉSIR qu'avaient ces hommes d'être reconnus incapables de gouverner doit être satisfait; leur réputation d'ingrats, d'inhumains et de sanguinaires est parfaite : leur parole, leur serment foulés aux pieds, cela leur est bien égal, et l'article 13 de la Constitution qu'ils ont jurée il y a un an, lequel article prohibe les confiscations, et rend punissable qui l'enfreint, n'a pas été appliqué à leurs biens, *créés* avec le salaire de leur patriotisme mis en exécution à Cuba.

Les peuples d'Afrique n'auraient jamais supporté de tels affronts, de tels scandales; le patient peuple Espagnol les souffre, lui! et l'on appelle traîtres ces nobles Cubains qui se lèvent pour se défendre de telles spoliations, et pour se laver du crime de l'esclavage ?

Rappelons en quelques mots les derniers faits commis par les gouvernants actuels, cela permettra de décider si de tels hommes peuvent inspirer de la confiance, du crédit, et ramener l'ordre dans un pays.

Le *Temps*, des 23 et 28 octoble dernier, a donné des détails exacts sur ce qui s'est passé à Sarragosse, Barcelone et surtout à Valence. Toute la presse les a cités par rapport à Cuba, où l'on fait une guerre d'extermination. Nous venons de voir refuser l'entrée des ports de Ténériff et de Cadix aux malheureux transportés qui revenaient de Fernando-Po, et que le navire abandonna à Mahon. Le gouverneur, l'un des satellites des hommes de septembre, a sans doute reçu l'approbation de ses actes par le digne régent; le capitaine du navire de guerre, *San Antonio,* par les horreurs qui ont été commises à bord, aura été approuvé indubitablement aussi. Le gouverneur de Fernando-Po, qui est allé s'emparer des bagages des prisonniers partis auparavant par les steamers anglais, dans la crainte d'une mort presque certaine, est aussi considéré comme un libéral pour sa conduite envers les 250 contribuables, qui l'étaient même pour payer le gouvernement de ladite île.

Et les autres libéraux qui les secondent, qui pour l'offre de 16 réaux s'*enlistent* volontairement pour aller à Cuba empêcher le programme civilisateur du président Cespedes, et appuyer le gouvernement dans les confiscations, quel nom, quelle épithète méritent-ils? La défense des Cubains maltraités indignement par ces gens, n'est-elle pas amplement justifiée et surtout forcée?

A tout cela, il n'y a qu'un remède, nous croyons qu'il est celui-ci : que les Etats-Unis qui donnent au monde l'exemple de leurs vertus, de l'ordre et de la civilisation, protègent efficacement Cuba et évitent ainsi les assassinats, les confiscations et l'esclavage;

Qu'ils traitent le gouvernement de Cuba comme il est digne d'être traité, et qu'un autre exemple de république soit à imiter pour les autres nations.

L'Espagne se fera respecter de nouveau si elle a le courage de juger les hommes de septembre pour les crimes qu'ils ont commis, et si elle les rend incapables d'en commettre d'autres.

## II

Les nouvelles de Cuba, de source officielle, continuent à être favorables, comme elles l'ont toujours été depuis le général Lersundi, qui commença par prouver aux Cubains que les promesses des hommes de septembre étaient comme celles de ceux qui les avaient précédés, au nombre desquels Serrano, Olozaga, Prim et autres se comptèrent.

Les Espagnols gagnent constamment des batailles; mais, à l'exemple de ce joueur qui annonçait ses succès au jeu à son père et lui demandait de l'argent, Lersundi, Dulce, et maintenant Caballero de Rodas n'ont jamais cessé de réclamer des soldats, sans que l'Espagne ait pu leur en envoyer suffisamment.

Le 6 février, jour du soulèvement des cinco villas, ils avaient trente mille soldats de ligne et soixante mille volontaires; malgré cela, ils n'ont eu que des pertes d'actions, y compris celle de Las Tunas, endroit qui a été détruit, et où il n'est resté personne ; voilà les faits que les Espagnols considèrent comme des triomphes!!!

Le piteux état des finances d'Espagne nous fait croire qu'il est impossible d'envoyer des troupes à Cuba; tout le monde sait que le Trésor n'a pas un réal, et que les créanciers des 257 millions, ne voulant plus renouveler, demandent à être payés.

Le gouvernement veut contracter des emprunts au taux énorme de onze pour cent par an, et il ne trouve personne qui veuille risquer son argent avec des hommes manquant à leur parole et à leurs serments dans tous les articles principaux de leur propre constitution; ils manqueraient de même aux engagements contractés envers leurs créanciers.

Loin de donner des preuves qu'ils connaissaient le crédit et la manière de s'en servir, ils ont prouvé le contraire. L'Espagne n'a pas un Fould qui, ayant donné la plus grande importance au crédit de la nation, sauva la France des embarras du moment, et lui conserva l'honneur qui doit être considéré comme primordial.

Les finances espagnoles de Cuba sont créées par les confiscations et séquestrations faites des biens de tous ceux qui sont suspectés dans leur opinion, — monstruosité réservée aux soi-disant libéraux de septembre, malgré l'article 13 de la récente Constitution.

Mais qu'importent les serments et les constitutions quand il s'agit de s'emparer des biens d'autrui! On nous dit officiellement que les finances de Cuba sont dans un état florissant, et plus loin, on nous annonce que, par conséquence des fortes exigences des Etats-Unis, on a pu à la fin payer les intérêts qu'ils réclamaient de leur dette.

Ce suprême effort a été fait pour payer 30,000 piastres, soit cinq pour cent sur une dette de trois cent millions de francs.

Ces intérêts, que doit l'Espagne, sont à la charge de Cuba, et pour donner une idée de la protection que la mère-patrie accorde à sa fille bien aimée, voici un aperçu des autres consignations que supporte le budget de Cuba.

On lui compte les frais et salaires des légations en Amérique, le gouvernement de Fernando-Po et Annobon, à l'ouest de l'Afrique (349 mille piastres), le tabac pour la cour et pour être vendu à l'estanco, les subventions pour les steamers courriers entre Cadix et Havane, dont le profit de correspondance est pour la métropole; le passage d'aller et retour des employés publics et de l'armée, que l'on renouvelle avec l'idée qu'un plus grand nombre profite au pillage de la colonie; les classes passives, soit les employés qui ne servent pas à Cuba, mais qui ont obtenu le privilége d'être payés des 700 mille piastres ; le salaire du confesseur de la reine, etc., etc.; cela n'en finit pas.

En *plus*, le budget doit pourvoir les *excédants d'outremer* de six millions qui devraient *ostensiblement* aller en Espagne, puisque le Trésor de la métropole compte sur cette aumône.

On nous dit que les affaires et les finances vont à merveille; il n'est pas difficile que Prim et Serrano le croient ainsi, pourvu que leur salaire soit payé au jour le jour, ou bien qu'en sachant le contraire, ils publient ce qui leur convienne.

Revenons a la révolution de Cuba; pendant qu'ils avaient 30 mille soldats vétérans et 60 mille volontaires, ils ne pouvaient rien faire; il en manque de ce nombre au moins dix mille, et ils ont envoyé six mille hommes de renfort au lieu des vingt-quatre mille attendus.

Supposons que l'Espagne ait les 24 mille hommes et les cent millions de piastres pour faire cette guerre contre Cuba, et bientôt contre Porto-Rico, elle les dépenserait comme la France a dépensé son argent au Mexique, sans en retirer aucun profit.

L'Espagne réussira-t-elle a obtenir jamais l'affection des Cubains opprimés? Cela n'est plus possible maintenant.

Et les républicains d'Amérique n'aideront-ils pas tôt ou tard leurs frères persécutés?

L'Angleterre, qui fait tant de frais en Afrique et avec les stations navales, pour éviter le commerce des nègres que Cuba seule alimente, ne se décidera-t-elle pas à faire une dépense destinée à protéger une cause juste?

Les sociétés abolitionnistes ne nommeront-elles pas un banquier qui reçoive les souscriptions universelles afin d'envoyer ces ressources a la révolution? Nous allons exposer les avantages matériels que l'Europe en général, et l'Espagne en particulier, obtiendraient de la séparation de Cuba de la Péninsule.


III


Commençons par l'Espagne :

Tout le temps qu'un capitaine général aura un salaire de cinquante mille piastres à Cuba, au lieu de six mille que reçoit le président des ministres à Madrid, tous voudront aller à Cuba, où, en outre des

50 mille piastres, il y a d'autres bénéfices légaux, la traite d'Afrique, par exemple.

Ainsi des autres emplois, où l'on fait facilement un butin énorme.

La démoralisation en Espagne deviendra inévitable, en quelque sorte, par la création des emplois à Cuba.

L'émigration d'hommes qui pourraient être utiles en Espagne s'éviterait facilement par la séparation de Cuba, qui ferait réaliser des capitaux considérables pour la Péninsule.

Le progrès de Cuba s'accroîtrait, ainsi que son commerce avec tout le monde, en plus grande proportion que ce qui eût lieu après la séparation des Etats-Unis de leur métropole l'Angleterre.

L'Espagne, qui a autorisé l'esclavage et la traite, s'éviterait l'indemnité à laquelle elle est obligée envers les propriétaires d'esclaves dans le cas d'abolition compromise. La séparation accordée, les frais de guerre n'épouvanteraient plus ses créanciers, et elle pourrait avoir le crédit qui lui manque complétement.

Maintenant, raisonnons sur l'Europe et les autres peuples, calculant leurs relations de commerce avec Cuba et Porto-Rico.

Le commerce s'accroîtrait en proportion du progrès et de la richesse qui ont suivi l'émancipation des Etats-Unis.

L'esclavage finirait et l'Angleterre ferait une grande économie.

La civilisation africaine se réaliserait, ce qui serait une grande source de production au bénéfice des classes laborieuses et des manufactures.

Les crimes de toutes sortes diminueraient par la séparation de Cuba, et l'Espagne entrerait dans une nouvelle voie de civilisation, en se concentrant en elle-même.

## IV

Le général Prim, suivant les conseils du ministre anglais et de la famille de sa femme au Mexique, a eu le *courage* d'abandonner l'entreprise et de laisser la France seule, évitant à l'Espagne une ruine qui aurait été la conséquence de son opinion irritée.

Aura-t-il le même bon sens et le même courage pour abandonner l'île de Cuba?

Aura-t-il un autre ministre, soit anglais ou américain, pour le persuader d'agir de la même manière?

Il a dû satisfaire sa soif de sang et de vengeance à Saragosse, Barcelone et surtout à Valence. Eh bien, il aura prochainement d'autres occasions lors de la nomination d'un roi au trône vacant.

## V

Rien ne peut désiller les yeux de tels gens.

Les finances d'Espagne sont dans l'état le plus désespérant, et, pour empirer cet état, le ministre n'offre rien moins que la déclaration de cabotage pour le commerce entre Cuba et l'Espagne.

Il n'y aura pas seulement pour conséquence la différence entre 7 1/2 pour cent et 35 1/2 que l'on fait dans le tarif protecteur, mais 35 1/2 pour cent de perte pour le commerce étranger, avec une nouvelle insulte faite à l'Europe.

Le rapport des sucres, des tabacs et autres produits de Cuba au Trésor métropolitain, qui représente la plus considérable rente des douanes, se perdra infailliblement. De son côté, Cuba aura un million de rente de moins, *sans bénéfice* pour les consommateurs d'articles indispensables, puisque le 7 1/2 pour cent dans le détail ne fera aucune différence dans les prix, ni ne donnera aucune économie en définitif, qui puisse être dépensée dans d'autres consommations.

Le budget d'Espagne aura donc :

Six millions de moins, qui ne pourront venir de Cuba pendant la guerre ; ce que cette guerre lui coûtera ; les envois que les Espagnols ont l'habitude de faire, et que les circonstances réduiront ou empêcheront.

## VI

Peut-on croire que l'Espagne dominera la révolution cubaine ? Lorsqu'un peuple qui se lève n'est pas vaincu à l'aurore de son insurrection, on peut prédire qu'il ne le sera jamais.

Nous venons de le prouver, ce que l'Espagne a de mieux à faire, dans son intérêt le plus direct, c'est de se retirer de Cuba, de renoncer immédiatement à une lutte désastreuse et inutile. Si elle ne le fait pas, tant pis pour elle : que le sang versé le soit à sa honte. Mais nous avons cette ferme conviction : nous croyons toujours au triomphe de la liberté mise au service d'une bonne cause. Nous croyons au triomphe de Cuba, avec ou sans l'appui des Etats-Unis. Nous ne croyons point qu'après douze mois d'une lutte sanglante et terrible, le gouvernement espagnol puisse triompher pour... rétablir le despotisme et soutenir l'horrible esclavage,

## DEUXIÈME PARTIE

### ABOLITION DE L'ESCLAVAGE

## I

Nous ne croyons pas nécessaire d'expliquer davantage, en Europe, les horreurs commises par le gouvernement espagnol à Cuba, les assassinats, déportations et confiscations de biens et propriétés, sous le prétexte de soupçons d'opinions et autres. Ils sont bien dépeints par MM. Augustin Cochin et André Cochut, dans la *Revue des Deux-Mondes* des 1er mai et 15 novembre derniers.

Les brochures intitulées : JUAN PRIM *peint par lui-même* (1), JUAREZ ET MAXIMILIEN, — *Quand j'étais journaliste* (2), rappellent des faits dudit Prim, de Serrano, Olozaga et autres hommes qui, ayant déjà la responsabilité et l'initiative de la démoralisation et de la corruption qu'ils introduisirent au sein du gouvernement d'Isabelle, ont ensuite fait la révolution de Septembre pour s'approprier le gouvernement et satisfaire leur ambition vulgaire et tyrannique.

Ils ont décrié la nation qui les souffre, à tel point, que leur trône est refusé par tous, et qu'ils n'ont d'autre ressource que de jouer la partie pour faire un roi *de force*, malgré lui, comme le médecin de Molière.

Se contentant, pour la nation, du crédit dont individuellement ils jouissent, ils ont considéré comme un triomphe qu'on leur ait prêté de l'argent à un intérêt neuf fois plus cher que l'obtiendrait un épicier honnête et modéré. Voir les fonds publics abandonnés à 25 centièmes, avec trois quarts de perte, et, en proportion, la richesse du pays, cela ne leur donne pas pour notification que la nation et l'Europe entière leur disent qu'ils doivent abandonner leurs siéges au gouvernement.

Nous rappelons, en passant, l'idée d'un spirituel écrivain qui déclarait que « les hommes incapables qui avaient dû recourir à la bourse de leurs femmes pour obtenir leur nourriture et logement, devaient tout faire avec présence d'esprit. » Des hommes de Septembre, on peut en dire autant, puisqu'ils portent avec orgueil, le luxe, les croix, les rubans, les clefs par devant et encore par derrière (comme gentils-hommes), dont sont si enthousiastes les peuples voi-

(1) Par Louis Blairet, en vente au bureau de la *Convention américaine*, 5, cité Bergère, prix : 1 fr.

(2) Par Emmanuel Domenech, en vente également au bureau de la *Convention américaine*.

sins de l'Afrique, qu'ils ont dûs à la générosité de leur ancienne maîtresse ou reine, aux pieds de laquelle ils avaient l'habitude de se mettre, lui offrant et lui jurant une fidélité *éternelle*. N'auraient-ils pas dû, avant leur révolte, rendre les reliques, les toisons d'or, la clef qu'ils portent par derrière, et les titres de marquis, comte, duc, des *Petits châteaux*, de *la tour*, du *château fleuri*, etc. ? Mais ils s'en sont bien gardés. Ces matalobos de royauté n'étaient pas encore assez gorgés de titres grotesques, il leur fallait de plus leurs propres éloges avec lesquels ils se sont amusés à jouer comme au *volant*. — Et pendant que cette indigne farce de charlatans s'exécute en Espagne, à Madrid, le peuple de la Péninsule et le peuple de Cuba vivent dans la plus grande détresse, attendant avec une impatience grosse d'orages terribles, que finisse une infâme comédie que les annales de l'histoire enregistreront avec épouvante.

II

Si les Espagnols à Cuba n'ont créé *aucune* richesse, *aucun* d'eux n'ayant fait autre chose que le métier de portier, la traite des nègres, la vente des rubans, des crinolines, des joujoux et des immoralités ; si la richesse se doit toute aux Cubains, pourquoi ne pas commencer par les imiter, et aider la colonie au lieu de continuer le pillage ? L'Angleterre aide bien ses colonies, payant du budget métropolitain plus de 83 millions de francs que coûte l'armée (3 1/3 millions de livres sterling). La France paye un subside en faveur de l'Algérie. L'Angleterre et la France accordent aux colonies le droit de leur industrie, d'acheter et vendre où bon leur convient.

L'Espagne a forcé Cuba à n'acheter qu'à elle seule les farines et les produits manufacturiers, au double du prix auquel Cuba pourrait les obtenir si le commerce était libre dans l'île ; à vendre les sucres et mélasses la moitié ou le tiers du prix réalisé, pour les mêmes qualités obtenues par les producteurs rivaux de la Louisiane ; à perdre donc un milliard de francs en différence de prix et, en outre, à payer un budget de 160 millions de francs, dont un tiers, d'une manière ostensible ou cachée, doit aller à la métropole, en plus du pillage que l'on fait à la Banque, et des souscriptions ou aumônes que l'on demande de maison en maison, pour faire les guerres du Mexique, du Pérou, de Saint-Domingue, du Maroc, pour les calamités publiques, pour former la dot des filles des capitaines généraux et autres fonctionnaires, pour couvrir leurs dames et demoiselles de diamants, etc., et tous acceptent les yeux fermés. Les legs et donations publics, dont les produits servaient pour l'éducation publique, ont été pillés aussi, et les bijoux des églises enlevés pour être vendus.

Est-il possible qu'une île d'un million et demi d'habitants, dont le tiers est esclave, où les Espagnols ne font qu'enchérir sur les consommations, faisant en sorte qu'elles passent par des mains improductives, est-il possible qu'une île puisse marcher dans une voie progressive avec tant d'obstacles apportés au bien-être légitime des Cubains ?

Si les métropolitains ne peuvent dans *aucune industrie*, même celles qui datent du Déluge, vendre au prix des autres hommes, et si les Cubains doivent les protéger, l'effort qu'ils ont obtenu de vendre pour la moitié leurs sucres, mélasses, etc., peut conduire à une autre FIN qu'à la ruine absolue ?

Dans les contestations judiciaires, les tribunaux décident toujours en faveur des péninsulaires, sans autres exceptions que celles du plus offrant. Les hommes que l'on envoyait à Cuba étaient tellement déconsidérés, que malgré l'or qu'ils retiraient de l'île, les juges du tribunal supérieur de guerre et marine ont refusé de leur donner un siège à côté d'eux, et quand on a prétendu vouloir le faire, ils ont menacé de se retirer avant d'avoir été en contact avec de tels gens.

## III

Les Espagnols, avant de commencer la révolution, ont répété que l'île serait *ou espagnole ou africaine*, c'est-à-dire qu'ils armeraient les esclaves pour exterminer les créoles.

Ils oubliaient que les esclaves les méprisent, et que dans leurs chants ils répètent : « *Je voudrais être blanc*, MÊME ÉTANT CATALAN ! » Le privilége de la couleur est si grand, qu'ils consentiraient à être Espagnols ou avoir une jambe de moins, pour cesser d'appartenir à la race noire !

Donc, le général Cespèdes a *dû* prendre l'initiative, en donnant la liberté aux esclaves, de les *lancer* contre les Espagnols, c'était très juste.

Les Espagnols, sous le prétexte de *soupçon d'opinion*, ont déporté un nombre respectable de propriétaires *à l'effet* de séquestrer leurs biens *sans forme de procès*, se proposant, disent-ils, d'ôter toute ressource à la révolution. Donc, la Révolution *a dû* ordonner la destruction des propriétés des Espagnols pour ôter au gouvernement les moyens de continuer la guerre des assassinats et crimes de toutes sortes. Sans richesses, sans le produit des biens *confisqués*, le gouvernement sera forcé d'évacuer, car les patriotes espagnols ne vont à Cuba, dans la classe des soldats et dans lse rangs des volontaires péninsulaires, que pour être payés de leur patriotisme, à l'exemple de Caballero de Rodas, Prim et autres.

Mais Cespèdes n'a même pas la peine d'ordonner la destruction des plantations, puisque les propriétaires qui en ont été dépossédés par le gouvernement, ordonnent eux-mêmes qu'elles le soient, afin que leurs produits ne servent pas à faire commettre plus d'horreurs contre leurs compatriotes. En tous cas, les Cubains sont les *propriétaires*, ceux qui font la richesse de l'agriculture, et ils *ont le droit* de détruire leurs propriétés.

Les terres qui restent des plantations, des maisons, etc., vaudront davantage plus tard, si l'on réussit à chasser les Espagnols qui ressemblent au cheval d'Attila. Mais Caballero de Rodas et les autres, de *toutes* manières, retourneront dans leur pays, enrichis de ce qu'ils ont pillé à Cuba. Ils réaliseront leurs biens quand la prospérité de l'île reprendra, et la métropole sera très-contente de recevoir quelques ressources. A moins qu'ils ne commettent la même erreur que celle qui suivit l'indépendance du Mexique : on refusait l'entrée des capitaux en Espagne, à moins de payer un fort droit, et les capitaux s'en allèrent en France. Pour Cuba, une population démoralisatrice, improductive, qui se charge d'augmenter le prix des vivres et de faire les métiers les plus honteux, est une population plus qu'inutile, préjudiciable. Ceux qui prouvent *leur* incapacité dans leur propre pays, *se déclarent* inférieurs à tous les hommes dans toutes les industries, excepté lorsqu'il s'agit de détruire.

L'Amérique se passera bien d'eux, qui sont les ennemis naturels de la civilisation et du progrès. Le Nouveau-Monde les verra avec plaisir s'occuper de leur propre pays, et, s'ils améliorent leurs vins, huiles, fers, produits manufacturiers, etc., afin qu'ils puissent être consommés, au lieu d'un mal, c'est un grand avantage qui en résultera pour tous.

Les Espagnols nous répètent qu'ils sont disposés à accorder, à Cuba, tous les droits dont ils ont été privés (par les mêmes progressistes qui gouvernent aujourd'hui); qu'ils accepteront toute transaction, pourvu que les Cubains déposent préalablement les armes. On leur répond que les hommes de Septembre sont trop connus par toutes leurs perfidies pour qu'on puisse compter un seul instant sur leur parole, laquelle, maintenant, ne jouit plus d'aucun crédit. D'ailleurs, que signifierait un chiffre de 19 députés Cubains contre 350 autres plus ou moins intéressés au pillage de la colonie ?

Dans la certitude qu'ils ont d'être trompés, s'ils déposent les armes, les Cubains ont décidé de ne pas s'entendre avec les hommes de Septembre.

Ils n'ouvriront leurs lèvres que lorsque la média-
tion des Etats-Unis sera acceptée, et que ce gouvernement nommera des hommes honorables avec qui l'on
puisse s'entendre, les gens de sabre rigoureusement
exceptés. Mais la première condition préalable est la
suppression des confiscations et le retour des biens
qui ont été détournés par le gouvernement espagnol,
sans forme de procès.

Mais quel plan pourrait être proposé pour finir la
guerre et éviter la ruine de la richesse que les Espagnols possèdent encore dans l'île, et celle de la
nation qui doit s'endetter pour la continuer? C'est ce
que nous allons étudier.


## IV


Le gouvernement d'Espagne doit, à la Banque espagnole, cent millions de francs, et le payement de la
valeur des esclaves, dont l'abolition *doit* être déclarée.

Si donc le plébiscite décide que l'île continuera à
rester unie à l'Espagne, cette nation doit payer les
deux sommes qui représentent un milliard de
francs.

La traite des esclaves a été faite au profit des *Espagnols* et du gouvernement, qui retirent aux habitants
plus de deux cents millions de francs par an; en outre,
les Cubains qui ont été les *producteurs*, par le monopole commercial et par la représaille dans le tarif
des Etats-Unis, ont dû vendre leurs sucres en proportion de 3 1/2 centièmes de piastre la livre, au lieu
de 10, au moins, qu'ils auraient pu obtenir *comme
Etat* de l'Union ou par l'effet d'un traité de commerce
d'entière et mutuelle franchise ; ainsi pour les mélasses, le tabac et les plantations de café qui ont été
détruites par représailles, ils ont dû payer leurs consommations et premières matières pour la production,
au double de leur valeur. Il n'est pas exagéré de
faire monter à mille millions de francs par an la
perte dans ce double sens.

Donc, il serait juste que si le plébiscite décidait

que l'île doive continuer ses relations avec l'Espagne, la dette envers la Banque espagnole et la valeur des esclaves soient une dette *nationale* de l'Espagne envers Cuba.

En cas que les plébiscites décident la séparation de l'Ile, Cuba se chargerait des deux responsabilités qui représentent plus que les droits et propriétés que l'Espagne peut prétendre avoir.

Le respect aux personnes et aux propriétés des Espagnols et des Cubains doit être une condition préalable.


## V


Dans le second cas de la séparation de Cuba, comment l'île pourra-t-elle envisager les deux responsabilités de la dette envers la Banque espagnole et pour l'abolition de l'esclavage?

Examinons, pour cela, l'ancien projet sur lequel M. Miguel de Embil a insisté depuis 1863, auquel projet se rallie M. Cochut, dans son remarquable article publié dans la *Revue des Deux-Mondes* du 15 novembre dernier.

M. Embil comptait que les revenus des douanes et tous les autres impôts que perçoit l'Etat, donnaient 80 millions de francs par an en totalité, et que les frais des administrations, des édifices publics, etc., représentaient 45 millions ; le bénéfice net étant alors de 53 millions, il pouvait être décidé ainsi :

1º Que toutes les douanes et tous les impôts devraient être abolis, ainsi que les administrations et fonctionnaires publics qui font perdre au public un temps précieux, lequel représente un autre impôt;

2º Que la *consolidation* de *tous* les impôts dans *un* seul et unique de dix francs par caisse de sucre, annuellement produite (la récolte de 1868/69 représente 3,900,000 caisses de 200 kil.), donnerait plus de 35 millions nets, puisqu'étant à collecter sur 1,500 sucreries à la charge de mille personnes qui ont leurs affaires en ville, la Banque pourrait se charger de recevoir les 1,500 perceptions une fois par an;

3° Que sur la base d'abolition de douane, l'on fît un traité de commerce avec les Etats-Unis, d'entière et mutuelle franchise, ce qui ferait que les sucres se vendraient ainsi que les mélasses, avec un avantage considérable ;

4° Que le nouveau système tributaire et traité fût mis à exécution le 1er janvier, le bénéfice à faire par rapport à *une* récolte (qui se recueille et se vend du 1er janvier au 30 juin), permettrait d'abolir l'esclavage le 30 juin, en ayant remboursé, *par anticipation*, la valeur des esclaves avec la différence du prix de vente; et par l'économie dans les consommations, qui serait l'effet de l'abolition des douanes.

5° Le seul impôt, en rajoutant les produits des loteries, des propriétés de l'Etat, postes, etc., donnerait le chiffre du budget *actuel* avec la différence des 45 millions de francs qui seraient *épargnés* en frais d'administration, etc. ; le *bénéfice* des loteries qui représente 12 1/2 millions de francs, pourrait être aboli un an après ; on s'en servirait pour amortir la dette envers la Banque espagnole dans le cas que la production n'augmenterait pas en faveur des meilleurs prix. La réduction dans le budget de l'armée servirait pour l'indemnité des esclaves au service domestique.

M. Embil calcule que le prix du travail esclave revient à 50 francs par mois, au moins 600 francs par an ou intérêt du capital, nourriture, vêtement, infirmerie de ceux qui travaillent et de ceux qui ne travaillent pas : sur 150 esclaves, par an, 90,000 fr. Ce nombre produisant 3,000 caisses de sucre et 500 barriques de mélasse, qui se vendraient avec un excès de 600,000 fr., de manière que le produit de la première récolte serait de 600,000 francs pour rembourser la valeur des 150 esclaves qui, à 2,500 fr , ne représentent que 375,000 francs. Pour la *seconde* récolte, dont il faudrait payer le travail libre, il faut considérer que 100 hommes libres et tous en bonne santé, valent mieux que 150 esclaves.

Donc, si les 600,000 fr. allaient se dépenser en salaire, ils représenteraient 6,900 francs par an pour chaque travailleur, y compris nourriture et tous frais (1) et l'on ne peut vraiment craindre que des travailleurs manquent pour la production actuelle et double. — Il resterait une grande partie du profit entre les mains du producteur, par l'accroissement de la population moins rapide que celle des Etats-Unis, qui consomment les 5 huitièmes du total de leurs produits de sucres, mélasses, etc.

Mais aussi le capital réalisé pendant la *première* récolte, restant dans les mains du producteur, lui permettrait d'amortir sa dette hypothécaire et faire l'économie des intérêts, ou bien provoquer des entreprises d'immigration, de chemins de fer et autres, où le pays emploierait les hommes utiles, ceux qui auraient été séparés des administrations publiques, leur donnant plus d'indépendance, un certain profit avec plus d'utilité pour le pays.

VI

L'abolition de l'esclavage est un grand problème, plus facile qu'on le croit, à résoudre. M. Embil démontre qu'elle peut être réalisée à Cuba *sans perte* de capitaux, avec les recouvrements par anticipation et le prix à négocier sur les produits d'*une seule* récolte.

Cette solution prouve combien les Cubains ont eu à souffrir avec le système commercial auquel ils ont été soumis par l'exigence des industries métropolitaines, en produisant comme *effet* que celles-ci n'ont pas fait un pas de progrès et qu'elles continuent à être, pour les consommateurs *métropolitains*, une calamité et la ruine de leurs finances.

La question de savoir s'il y aura des travailleurs pour les champs après l'abolition, est déjà résolue par l'exemple de Porto Rico ; mais elle le sera da-

(1) Les Chinois coûtent 75 fr. par mois, non compris la nourriture, les vêtements et le logement.

vantage encore quand on pourra leur offrir un salaire
qui remplisse la mesure de leur juste ambition. Il
faudra peut-être altérer la forme du travail, mais aux
prix qu'on obtiendra les sucres de cannes, qui se ré-
coltent avec une extrême facilité à Cuba, la division
du travail pourra être adoptée, et le prix que l'on
devra payer sur les cannes, pour qu'elles puissent être
portées à la fabrique centrale, sera très-rémunéra-
toire, et fera le bien-être des travailleurs et de leurs
familles.

Cuba n'ayant plus les douanes, le peuple vivra à
meilleur marché, en commun ; et le travail étant re-
productif, augmenterait rapidement sa population : en
peu d'années, une portion des sept huitièmes parties
du territoire qui reste dans l'état primitif, serait cul-
tivée. En dix ans, Cuba aurait 8 millions d'habitants,
une fois libre de l'Espagne et resserrant ses relations
avec les Etats-Unis.


## VII


Maintenant, parlons de la législation à suivre avec
les affranchis esclaves. Partant de la base que pour
obtenir la nationalité en faveur d'un étranger, il faudra cinq ans, après l'avoir sollicitée, il sera à exiger
que pour la demander l'individu devra savoir lire et
écrire, et cinq ans *après* il l'obtiendra, s'il en est digne
par sa conduite.

Pendant ce temps, l'esclave sera l'égal des autres
habitants, devant la loi, devant les tribunaux, mais
ne pourra élire ni être élu pour aucune représenta-
tion publique.

Pour être membre d'une société civilisée, il faut au
moins savoir lire et écrire. Pour avoir la nationalité,
il faut cinq ans aux Etats-Unis, sans exception.

## TROISIÈME PARTIE

### CONVERSION DE LA DETTE PUBLIQUE D'ESPAGNE PAR L'EXPROPRIATION DU TERRITOIRE

I

Du moment où l'on prévoit que les Etats-Unis se suffiront en peu d'années et ne seront plus un débouché pour les manufactures d'Europe, l'ancien monde, pour conjurer la crise cotonnière qui le menace, doit tourner ses yeux vers la civilisation d'Afrique. Tout le temps que l'île de Cuba sera sous le pouvoir démoralisateur d'Espagne, la traite d'esclaves qui enrichit les capitaines généraux et autres individus que l'on y envoie, continuera. Les énormes frais de stations navales que l'Angleterre fait, peuvent être employés plus efficacement, au triple effet d'en finir avec la traite, civiliser l'Afrique et l'Espagne qui reste encore dans son état primitif, puisque ses provinces ou tribus possèdent un langage différent et ne peuvent s'entendre entre elles.

Dans ces circonstances, la révolution a également éclaté aux îles Philippines qui prospéreraient sous le protectorat de l'Angleterre, une fois séparées d'Espagne et mises à l'abri de la banqueroute générale de la nation.

Donc, suivant la doctrine de l'auteur Benthan, les gouvernements neutres ont le droit d'intervention, quand les intérêts généraux de l'humanité souffrent des actes commis par le gouvernement despotique, qui jure aujourd'hui une constitution et la parjure demain, selon son caprice et son intérêt.

L'Angleterre, la France, la Prusse, sont pour ainsi dire dans la nécessité indispensable d'avoir recours à une sorte d'expropriation d'une partie du territoire espagnol, afin de s'ouvrir des marchés comme en

Chine et au Japon, sans toutefois avoir recours à aucun acte vexatoire et injuste, et cela pour se faire
payer les dettes contractées envers leurs sujets. Les
chemins de fer et les autres entreprises ayant été
réalisés avec des capitaux français et anglais, ne
peuvent être abandonnés à l'anarchie, aux révolutions
provoquées qui détruisent les ponts, les rails et les
autres propriétés.

L'Andalousie appartenant à l'Angleterre, vendrait
ses vins, huiles, sucres, à meilleur prix; le Portugal
pourrait étendre ses frontières, la France aussi, et les
provinces basques, qui ont refusé toujours de s'assimiler au reste de l'Espagne, obtiendraient leur indépendance, ainsi que la Catalogne.

Toutes les provinces prospéreraient, ce qu'il est
impossible d'obtenir jamais avec un gouvernement
composé de soldats. Le problème doit commencer
par la séparation de Cuba et des Philippines et par la
banqueroute de l'Espagne, que l'Europe a le droit de
déclarer.

II

Nous résumons le plan, hardi sans doute, mais qu'il
est cependant nécessaire de formuler, pour que l'Angleterre et la France déclarent la banqueroute espagnole et prennent possession du territoire de la nation, — ce plan n'eût-il pour résultat que d'exciter
l'orgueil castillan, ce qui pourrait alors amener une
réaction salutaire:

1º L'Angleterre et la France donneraient, bien entendu, la préférence à leurs propres sujets et habitants en général, et convertiraient les bons espagnols
de leurs nationaux en Consolidés ou en 3 0/0 français.
Pour chaque 10,000 réaux nominatifs, soit 100 L. — ou
2,500 fr. qui, au prix de 19 0/0, représentent 19 livres
sterling, ils recevraient 20 livres de Consolidés, lesquels représentent la même somme à 95 0/0, ou bien
635 fr. représentant, au prix de 75, le même équivalent de 19 liv. sterl. net.

2º La dette publique espagnole est une charge pro

portionnelle pour chaque habitant. Donc lesdits gouvernements se chargeraient du contingent correspondant à la population incorporée. Le reste serait à la charge de la Catalogne, des provinces basques, si elles se constituaient indépendantes. Lesdits gouvernements convertiraient ainsi la dette en une somme équivalente à la proportion des habitants du territoire séparé.

3° L'incorporation de territoire espagnol aux nouveaux gouvernements, donnerait droit aux ex-provinces espagnoles à tous les avantages dont jouissent les producteurs métropolitains, de vendre sur les marchés nationaux leurs vins, huiles, sucres, céréales, fruits, etc., libres de tout droit. Ils jouiraient également de la liberté de consommer, sans droits, de toutes les commodités qu'ils n'ont pas actuellement, de s'habiller à meilleur marché, de créer des chemins de fer, des canaux et autres entreprises avec des capitaux que les Anglais, les Français et les Prussiens y introduiraient, ce qui élèverait considérablement la valeur de la richesse publique, en provoquant l'immigration d'une population intelligente et industrieuse.

4° L'Espagne étant sans gouvernement régulier, dans une anarchie constante dont nul ne peut prévoir la fin, les capitaux s'en allant à l'étranger, les consommations étant portées à un prix double de celui qu'elles devraient avoir, les produits se vendant avec une perte considérable pour le producteur, la nation ne trouvant même pas un *enfant-princier* qui veuille accepter le maigre héritage de Charles-Quint, — lesdites puissances se chargeraient de pourvoir au soin du gouvernement, étant décidées à accorder aux territoires annexés l'autonomie de la manière qu'elles croiraient devoir réaliser l'ordre et le progrès de la civilisation.

5° Les provinces basques et la Catalogne qui ne s'incorporeraient pas aux nouveaux gouvernements, reconnaîtraient à la charge proportionnelle de leurs habitants, le restant de la dette publique espagnole.

### III

Si les gouvernements de France et d'Angleterre se décidaient à réaliser immédiatement le plan présenté dans tous les points qui se rapportent à l'Espagne et à Cuba délivrée, pour leur ôter la crainte de ce que leurs douanes pourraient perdre quand ils recevront comme propres les produits du territoire espagnol annexé, il est un moyen facile à expliquer et à *appliquer*(1), qui nous a été communiqué par un économiste financier auquel appartient le système que nous venons d'exposer, mais nous croyons devoir lui en laisser et la responsabilité et le soin de le *résoudre*, lorsque le moment sera opportun. Mais nous pouvons indiquer ainsi la division territoriale :

La France se chargerait du gouvernement du territoire s'étendant de Bayonne ou de Santander à Alicante, en tirant une ligne droite ;

D'Alicante à Almeria serait la division anglaise ;

D'Almeria à Santander pour le Portugal, ainsi que les îles Ténériff ;

Les îles Baléares pour la France et l'Angleterre.

La Prusse saurait bien trouver sa part, ou, par compensation, s'agrandir encore en Allemagne.

Le plan est hardi, sans doute, audacieux même ; il n'a rien qui doive effrayer l'imagination, et nous le croyons de nature à tenter bien des esprits sérieux et pratiques. Qu'on y songe.

### IV

Terminons ce rapide exposé politique, commercial et industriel, par des considérations rigoureusement exactes sur la façon dont les finances d'Espagne sont créées et administrées. Après cette lecture, il sera facile de décider si véritablement l'Espagne a le droit

(1) Pour épargner les frais d'intérêt de la dette publique qui représentent en Angleterre autant qu'est le produit total des douanes.

de figurer encore comme nation sur la carte géographique de l'Europe.

## QUATRIÈME PARTIE

### LES FINANCES DE L'ESPAGNE

De toutes les administrations existantes dans la Péninsule ibérique, aucune ne présente une si grande réunion d'abus, d'erreurs et de traces d'ignorance que celle des finances.

Les guerres civiles qui ont désolé la Péninsule, la différence des lois, des coutumes et des mœurs dans les diverses provinces, la distribution vicieuse et inégale des propriétés, l'ignorance des premiers principes d'économie politique, et peut-être, par-dessus tout, la corruption des fonctionnaires publics, sont autant de causes puissantes qui contribuent, plus ou moins, à jeter l'Espagne en arrière des autres nations sur un point si délicat et si important du système social. — Les contributions sont augmentées en proportion des besoins de l'Etat, sans qu'on se préoccupe d'aucune autre considération que celle de l'exigence du moment. Ces impôts ne peuvent donc être qu'arbitraires, puisqu'ils ne sont fondés sur aucune loi fixe, sur aucun principe certain, ni sur des bases rationnelles. Ils sont imposés au peuple d'une manière tyrannique, à mesure que les nécessités du gouvernement l'exigent.

L'application du produit des douanes est aussi irrégulière que la manière de les obtenir ; et ces taxes, au lieu d'être appliquées au service de l'Etat, ne servent qu'à enrichir les personnes qui vivent de tous ces abus. Ainsi, l'Espagne, avec un sol fertile, un climat heureux et une foule de productions naturelles aussi variées et abondantes qu'utiles et précieuses, l'Espagne, dont les habitants sacrifient la majeure partie de leurs richesses au trésor public, est sans argent, sans crédit, et accablée d'une dette immense qu'elle est tous les jours forcée d'augmenter

encore, bien loin de la diminuer. On pourrait presque
dire que l'Espagne n'a pas de trésor public, et ce qu'il
y a de plus triste encore, c'est que parmi les hommes
du gouvernement actuel, il ne s'en trouve pas un seul
qui soit en état d'apporter la plus petite réforme dans
cette partie des services publics.

Il n'est pas inutile d'indiquer ici la cause de ce
défaut des connaissances financières en Espagne, ainsi
que celle du peu d'importance que les gouvernements qui se sont succédé dans ce pays, ont paru at-
tacher à un système régulier de finances et à l'emploi utile et régulier des revenus de l'Etat.

De tous les peuples de l'Europe, aucun n'a moins
de besoins physiques que l'Espagnol. Naturellement
sobre, d'une constitution vigoureuse et robuste,
vivant dans un climat très-doux et sur un sol fertile
qui, dans un petit espace, produit beaucoup de subs-
tances nutritives, il n'a besoin que de peu pour vivre,
et se trouve bien sans toutes les précautions et les
commodités que la rigueur du climat, le progrès du
luxe et le raffinement des idées ont rendues indispensables aux autres nations.

De là, il suit qu'en Espagne on s'inquiète peu des
privations, et que, par conséquent, la cause qui les
amène n'irrite pas vivement les esprits et n'excite pas
des mécontentements aussi sérieux que dans les
autres pays. Les gens aux gages du gouvernement
restent souvent des années entières sans recevoir
même une partie de leurs appointements et sans faire
ou sans *oser* faire entendre la moindre plainte. Des
régiments entiers ne vivent uniquement que de leurs
rations, et cependant ne désertent pas leurs dra-
peaux. Cet esprit de patience rend l'autorité pares-
seuse, et elle ne fait aucun effort pour éloigner le
danger qui, aujourd'hui, est devenu très-grave. C'est
ainsi que se perpétuent les maux de toute espèce qui
accompagnent toujours l'insouciance et la pauvreté.

Cependant, il faut le dire, les vicissitudes des affaires politiques ont produit de grands changements
dans les propriétés, en les faisant passer de l'un à
l'autre. En outre, l'affluence des étrangers dans plu-

sieurs villes, le commerce qu'ils y ont fait naître, la succession rapide des événements et la propagation des idées libérales, principalement des idées démocratiques, ont réveillé depuis longtemps en Espagne un certain esprit d'industrie qui a donné lieu à la création de grands établissements, à la circulation des capitaux, et procuré de l'occupation à un grand nombre de bras. Il en est résulté que, malgré le désordre de l'administration, les éléments de prospérité qui restent encore suffiraient pour relever la nation, s'ils n'étaient entre les mains d'hommes avares et ignorants.

Le seul objet qui paraisse fixer exclusivement l'attention du département des finances, est de se procurer autant de ressources pécuniaires que possible, quels que soient les moyens mis en usage. Le désordre suit ainsi le désordre; l'anarchie qui règne dans les affaires politiques se complique de celle des finances et vient encore augmenter les malheurs de l'Espagne.

Il n'entre pas dans notre plan de faire aujourd'hui l'énumération des finances adoptées par le gouvernement d'Isabelle II, et celles du gouvernement provisoire. D'ailleurs, il serait presque impossible de remplir cette tâche, car il n'existe pas de fil qui puisse servir de guide dans le labyrinthe obscur et inextricable de toutes les branches de l'administration; et puis, ces considérations n'offriraient aucun intérêt pour les lecteurs français; ce ne serait qu'une longue suite de décrets, de règlements, d'explications, de révocations et de petits détails nés des circonstances et le plus souvent dictés par l'ignorance et la nécessité. Nous nous bornerons donc à rappeler quelques traits propres à caractériser le système financier de l'Espagne.

Nous l'avons déjà dit, les ministres des finances, qui se sont succédé depuis Ferdinand VII, n'ont jamais songé qu'à subvenir aux besoins du moment, sans s'inquiéter des dettes déjà contractées, et sans faire aucune disposition pour l'avenir. « Et c'est bien là, disait dernièrement M. Figuerola, ce qui rend ma tâche plus

difficile, plus ardue, et ma responsabilité immense. »
— Les contributions sont presque toutes indirectes ;
elles sont levées sous la direction d'intendants ; chaque province a le sien. L'autorité de ces officiers est
illimitée ; et, quoiqu'il existe un tribunal des finances
destiné à juger les difficultés, ce corps, entièrement
composé d'hommes dépendants du gouvernement, décide rarement en faveur des réclamants, lorsqu'ils
s'élèvent contre les exactions et les injustices commises par les agents du fisc.

Parmi tous les moyens employés de tout temps
pour se procurer de l'argent, il en est un qui mérite
d'être cité: On choisit un certain nombre d'articles de
première nécessité, qu'on regarde cependant comme
propres à être soumis à un impôt, et on donne le
monopole exclusif du commerce de ces objets à un
individu ou à une compagnie. La personne ou la compagnie ainsi favorisée acquiert le droit exclusif de
vendre une telle chose dans un lieu déterminé, et
enlève ainsi cette branche de commerce à toutes
autres personnes. Ainsi, l'habitant industrieux de cet
endroit ne peut y vendre le produit de sa terre sans
payer une énorme rétribution à un étranger dont il
doit préalablement obtenir la permission. De là, il ar-
rive que le mot contrebande, qui s'applique en tout
autre pays aux marchandises étrangères dont l'impor-
tation est défendue, est en usage en Espagne pour
exprimer la vente illicite des productions indigènes
les plus communes et les plus indispensables.

Les manufactures de coton sont principalement
l'objet de la sévérité des financiers ministériels espagnols, qui prohibent cette sorte de produits avec plus
de rigueur que toutes les autres denrées dont l'im-
portation est défendue. En vain représente-t-on con-
tinuellement à l'autorité que les classes inférieures
du peuple et surtout les habitants des provinces ma-
ritimes ne peuvent vivre sans ces manufactures, rien
ne peut désiller les yeux de ces hommes abusés, quoi-
que le trafic des objets de contrebande se fasse
avec la plus grande publicité et soit porté à un point
inouï

Le motif, ou plutôt le prétexte de ces défenses, est de favoriser les manufactures de la Catalogne. Les provinces de la Biscaye, qui ont encore conservé beaunoup de leurs priviléges, ont cependant obtenu quelque relâchement de ce système prohibitif, surtout pour les cotons anglais.

De semblables abus sont très-communs dans toutes les branches de l'administration. Il faut de l'argent, et peu importent les moyens de se le procurer. Ceux qui ont la direction de l'administration financière font fortune de la manière la plus scandaleuse. Il est connu que des ordres ont été donnés uniquement pour enrichir ceux qui devaient les exécuter.

De nouveaux ministres des finances se succèdent avec rapidité, sans qu'aucun d'eux soit capable de déraciner un mal qui fait des progrès si effrayants. Toutes les classes de l'État sentent les conséquences de pareils gaspillages. Dans cette situation, l'intrigue cède à la nécessité ; mais on n'a pu encore réussir à trouver un homme capable de remplir un emploi aussi difficile et aussi important que l'est maintenant le ministère des finances ; et l'on voit souvent les principales fonctions de ce ministère confiées, à l'improviste, à des hommes obscurs, dont l'élévation est une énigme pour le public.

L'Espagne est donc plongée dans un abîme de désordre causé par l'état incroyable de ses finances. Il s'ensuit que le bien public reste entièrement négligé. On ne fait rien pour le peuple ; on ne donne aucune impulsion aux sources de la prospérité nationale. A mesure que les maux s'accroissent et qu'on perd l'espérance d'y voir remédier, les sentiments de haine contre le gouvernement, quel qu'il soit, se répandent rapidement, et les révolutions ne se comptent plus en Espagne.

Les choses étant ainsi, on ne doit plus s'étonner si l'Espagne est sur la pente d'une décadence complète, à moins qu'un remède énergique et prompt ne vienne couper le mal dans sa racine. A toutes les réclamations on a toujours répondu que le temps n'était pas opportun, que des réformes pourraient peut-être se faire

plus tard, mais que des innovations seraient dange-
reuses pour le pays.

D'ailleurs, il faut le dire, les hommes qui jouissent
en Espagne de la réputation de grands économistes,
et dont l'opinion est respectée, appartiennent à la
classe des privilégiés et des hauts employés ; ils se
trouvent trop bien de ce système abusif pour ne point
s'opposer constamment à toute espèce d'innovations.
Il faut ajouter que le commerce étranger supporte de
lourds impôts, et que le système de contribution éta-
bli est une espèce d'impôt progressif d'autant plus
onéreux que, reposant sur un principe insaisis-
sable, ou indéfinissable, il est arbitraire au suprême
degré.

Cet état de choses est-il irrémédiable ? Certainement non, mais il faudrait que les mesures à prendre
fussent des plus sévères et adoptées sans retard. Le
gouvernement actuel promulgue beaucoup de décrets,
nomme et remplace des employés, en un mot change
au moins une grande partie de l'administration; nous
attendons les résultats de ces décrets et de ces rem-
placements.

On comprend aisément que notre tâche ne va pas
jusqu'à pouvoir expliquer en détail le remède appli-
cable à un mal, que nous nous bornons à exposer par
quelques considérations générales ; et la question des
finances est certainement la plus difficile à résoudre de toutes celles qui tourmentent aujourd'hui l'Espagne.

Louis Blairet.

Paris, 15 décembre 1869.

———————— ♦ ————————

Paris. - Imp. de Ch. Schiller, Faubourg-Montmartre, n° 10.

En vente également aux bureaux de **La Convention américaine** et chez les principaux libraires :


## JUAN PRIM PEINT PAR LUI-MÊME

*Lettres inédites du général Prim.*

Documents pour servir à l'Histoire contemporaine,
publiés par Louis BLAIRET.


Brochure in-8° (100 pages), éditée par E. DENTU
Prix : **Un** franc.


## LA CONVENTION AMÉRICAINE
JOURNAL POLITIQUE HEBDOMADAIRE
Cité Bergère
PARIS

www.ingramcontent.com/pod-product-compliance
Lightning Source LLC
Chambersburg PA
CBHW051318060726
47596CB00004B/1363